生活篇

古人

有意思

吴晗 彭麦峰
—著— —绘—

北京理工大学出版社
BEIJING INSTITUTE OF TECHNOLOGY PRESS

图书在版编目（CIP）数据

古人有意思 . 生活篇 / 吴晗著 ; 彭麦峰绘 . — 北京 : 北京理工大学出版社 , 2023.2
ISBN 978-7-5763-2011-4

Ⅰ . ①古… Ⅱ . ①吴… ②彭… Ⅲ . ①社会生活 — 中国 — 古代 — 通俗读物 Ⅳ . ① K220.9

中国国家版本馆 CIP 数据核字 (2023) 第 003130 号

出版发行 / 北京理工大学出版社有限责任公司
社　　址 / 北京市海淀区中关村南大街 5 号
邮　　编 / 100081
电　　话 / （010）68914775（总编室）
　　　　　（010）82562903（教材售后服务热线）
　　　　　（010）68944723（其他图书服务热线）
网　　址 / http: //www.bitpress.com.cn
经　　销 / 全国各地新华书店
印　　刷 / 河北盛世彩捷印刷有限公司
开　　本 / 880 毫米 × 1230 毫米　1/32
印　　张 / 7.25
字　　数 / 134 千字
版　　次 / 2023 年 2 月第 1 版　2023 年 2 月第 1 次印刷
定　　价 / 49.00 元

责任编辑 / 朱　喜
文案编辑 / 朱　喜
责任校对 / 周瑞红
责任印制 / 李志强

图书出现印装质量问题，请拨打售后服务热线，本社负责调换

目录

第一章

刚活出人样的上古时期

生活很精彩，吃喝拉撒都照顾到

上古时期，人们早已摆脱了茹毛饮血的生活。他们能熟练使用火，还能种植水稻、小麦。遇到高兴的事，也能喝上酒。上古生活真不赖。

贝壳居然可以做箭头

大家捡过贝壳吗？

五彩斑斓的贝壳真是太适合收藏了。

在古代，贝壳的用处可不止收藏那么简单。

老师，你看我的贝壳漂亮吗？

真好看，你写一篇作文来赞美它吧！

起先，古人采用以物换物的方式进行交易。

可每个人的需求都不同，交易起来很不方便。

于是人们选用贝壳当货币。

这里说的贝壳是海贝。

上古时期，人在内陆生活，很少见到海贝。

因此，海贝在当时堪比黄金，再加上它小巧玲珑，不易损坏，用来做货币再合适不过了。

现在很多与钱有关的字，大都用"贝"字做偏旁。

"财"

"赚"

贝壳还被古人用来当装饰品，串成一串，不管挂在墙上还是脖子上，都很好看。它还可以用来当武器，磨尖的贝壳能做箭头、刀尖，使用起来也很锋利。

"北京人"拣来鹅卵石，打砸成各式各样的砍斫器、尖状器，用它们来作为围捕野兽、采集植物果实的工具，科学家们把它们叫作"旧石器"。

——吴晗《中国历史常识》

中国最早的农作物是玉米吗

玉米外表金黄诱人，口感糯软香甜，深受大家喜爱。
那么，它是我国最早的农作物吗？

玉米含有丰富的维生素，能
健脾益胃，抗衰老呢。

别看玉米今天种植很普及，可我国种植玉米的时间却挺晚。

玉米原产地在南美洲，明朝时期才开始传入我国，距今也就四百多年。

说起我国最早的农作物，那还得是水稻、粟。

　　早在六七千年前，我国便开始种植水稻和粟了。

虽然大家常见面，但我们已经七千岁了。

水稻去壳后就是大米。1973年，考古学家在河姆渡遗址挖掘出人工栽培水稻的遗物。这一发现，证明六七千年以前，长江中下游就开始种植水稻。

长江流域的伙食都是我负责！

粟去皮后就是小米。1972 年发掘的河北磁山文化遗址中，有丰富的粟灰。它证明我国黄河流域种植粟的时间至少在七千年前。

黄河流域的吃饭问题，我来解决！

我们的祖先很早就已开始种植各种作物。甲骨文中有禾、黍、稷、稻等字，后来在先秦古籍中又有了"五谷""百谷"等说法。

——吴晗《中国历史常识》

我国最早的酒是谁造的

现在是法治社会，大家遇到不能调解的纠纷，可以通过打官司来解决。今天来旁听一场古代的官司——仪狄与杜康的发明权纠纷。

现在我宣布，仪狄告杜康侵犯其关于酒的发明权一案，正式开审！

谁是造酒第一人?

一直以来有两种说法,仪狄、杜康。

相传，仪狄是夏禹时代掌管造酒的官员。他酿了美酒送给禹品尝，禹觉得很好喝，但却疏远了他。

注：《战国策》中记载，"昔者，帝女令仪狄作酒而美，进之禹，禹饮而甘之，遂疏仪狄，绝旨酒。"

大人，我当年酿了美酒给大禹品尝。这事，《战国策》里有记载的。

大禹觉得酒的味道很好，又害怕后世有人因沉溺于此而亡国，所以才疏远了仪狄。

果然，禹的后世子孙桀，酷爱喝酒，成了史上著名的亡国暴君。

杜康是夏朝后来的国君，相传他因公务繁忙，将吃剩的秫米饭搁置了几天，结果酿出了酒。

　　注：汉《说文解字》载："杜康始作秫酒。又名少康，夏朝国君。"

有一种说法叫"仪狄作酒醪，杜康作秫酒"。

醪，是酒糟，用于酿造黄酒。

秫，是高粱的别称。

可以说仪狄是黄酒的创始人，而杜康则是高粱酒的创始人。

我国人民究竟什么时候开始掌握酿酒技术这个问题，各种古书记载，说法很不统一。

——吴晗《中国历史常识》

神农氏都教会了人们什么

今天我们来聊聊炎帝都做了哪些贡献吧。

相传，炎帝发明了耒耜，教会百姓播种五谷，解决了吃饭难题。

人们尊称他为神农氏。

神农氏规定，中午开设集市，大家可以相互交换物品，这是后代市场的雏形。

《周易·系辞下》记载，"日中为市，致天下之民，聚天下之货，交易而退，各得其所"，说的就是神农氏首辟市场的事。

当时，人们仅仅用树叶、兽皮遮挡身体。神农氏看不下去，又教大家织麻为布，从此有了衣服穿。

这是文明的一大进步。

为寻找治病解毒的良药，神农氏尝遍百草，了解药性。他也因此发现了中草药。

这就是"神农尝百草"的故事。

神农氏制耒耜、种五谷、治麻布、尝百草，为人类文明作出巨大贡献。后人将其和黄帝并列为中华民族始祖。

同学们，你们要记住，我们都是中华民族大家庭的一份子！

相传"神农氏"尝百草，发明医药，设立集市，又说他制造耒耜等农具，教人们种植五谷。

——吴晗《中国历史常识》

最早的房屋是建在树上的

北京"鸟巢"体育馆，被誉为"孕育生命的巢和摇篮"，这话说得很对。人类最早的房屋就是建在树上的巢。

远古时期，人们向动物学习，居住在山洞里。

可是，山洞阴冷潮湿，偶尔还有野兽来光顾，实在不是好居所。

一位智者出现了，他教人们像小鸟那样在树上筑巢，这样就不必担心晚上的野兽侵袭了。他又教会人们用野草织成厚草席，盖在屋顶遮风挡雨。

从此，人们白天下树找食物，晚上回树上休息，再也不用担惊受怕。

为了表达对智者的感谢，人们推举他为部落首领，尊称他为"有巢氏"。这就是有巢氏"构木为巢"的故事。

相传"有巢氏""构木为巢"。所谓"构木为巢"，是指原始人用树枝架着像鸟巢般的住所，在树上居住。

——吴晗《中国历史常识》

古人也会做熟食

现代社会烧饭做菜十分方便，电磁炉、燃气灶早已是厨房必备用品了。

古人又如何做饭呢？

起初，人们不懂做熟食，捕到野兽后，

连毛带血的生吃，很容易生病，

所以那时人们的寿命很短。

其实，原始人经常能看见火，比如雷电击燃树木。但原始人视之为怪物，避之不及，根本想不到用火做熟食。

凡事都有例外。终于有了胆大的人。
通过长时间观察，他发现火能吓跑野兽，
还能把肉烤熟，味道很不错。

原始人绞尽脑汁，想把火留下来。

通过无数次实验，人们发现相互击打燧

石或长时间钻木头，都可以生火。

就这样，人类掌握了取火的技术，彻底告别了茹毛饮血。人们把发明取火技术的人推为部落领袖，尊为燧人氏。这就是燧人氏"钻木取火"的故事。

在我国"旧石器时代"遗址中，曾发现用火的痕迹，这说明远在四五十万年以前，居住在这里的人类，就已经知道熟食了。

——吴晗《中国历史常识》

第二章

冶炼技术兴起的商周时期
青铜文明的代言人

商周时期的手工业十分发达，尤以青铜冶炼技术为最。商朝贵族的酒器、食器均为青铜打造。商朝人十分喜爱鼎，有名的司母戊大方鼎就是这个时期的代表作。

古人为什么在甲骨上刻字

众所周知，乌龟壳十分坚硬。

可古人却拿它来刻字。

这是为什么呢？

商朝人迷信鬼神，他们喜欢寻求神的启示。比如打仗、做梦等事，都要进行占卜，以此判断吉凶。

占卜用的材料主要是乌龟壳。

商朝人认为乌龟通灵，用它的壳来占卜更容易了解神的旨意。

他们用火烧龟壳，使它产生裂痕。

这种裂痕叫"北"，也就是神的旨意。

卜是迷信，商朝人却把它玩出了科学的味道。他们每占卜一次，就在龟壳上刻下占卜的事由、过程、兆示以及验证结果。记录完毕后，就把它保存起来，为以后的占卜做参考。这种操作，堪称古代版的大数据分析。

完蛋了，这次占卜结果和大数据分析偏差太大，我该怎么圆谎啊！

那些刻在龟壳上的字被称为"甲骨文"。

甲骨文是研究商朝历史的第一手资料。

为了彻底掌握甲骨文，人们发展出了一门新学问——甲骨学。

商王和贵族奴隶主是最迷信鬼神的，不论有什么疑难的事都要用甲或骨来占卜，占卜后就在上面刻写下占卜情况的文字。这种文字被称为"甲骨文"。

——吴晗《中国历史常识》

姜子牙也会编竹筐

有这么一句歇后语"姜太公钓鱼——愿者上钩"，它讲的是姜子牙在渭水与周文王相遇，从此两人携手共创周朝的故事。姜子牙未发迹前，是靠什么谋生的？

《封神演义》里有这样一则故事。

姜子牙 70 多岁时才与 68 岁的马氏结婚。马氏嫌弃他一事无成。为了养家糊口，他编竹筐去集市卖，结果一个也没卖出去，惹来马氏好一顿埋怨。

小说虽是杜撰，但竹筐确实出现在商朝。当时，手工业发达，特别是青铜器铸造技术发展到高峰，成为商朝文明的象征。

商朝的青铜器造型优美、制作精巧。比如后母戊方鼎高133厘米，口长110厘米，是现存最大的青铜器。鼎身刻有动物纹饰，显得凝重雄浑，是商代青铜器的代表之作。

商的制陶业也很发达，已能生产出原始瓷器。商朝的白陶洁白细腻，装饰着各式各样的纹路，体现了玉工的高超技艺。

嘿嘿，我可是瓷器的祖宗！

有名的后母戊大方鼎，重一千四百市斤，就是殷商时期的代表作，也是目前我国和世界上发现的最古、最大的青铜器之一。

——吴晗《中国历史常识》

"问鼎中原"这个成语经常出现。当年，楚庄王打听九鼎的轻重，结果周朝大臣斥责他有不臣之心。

　　鼎到底是干什么的，楚庄王问它做什么呢？

最初，鼎是用来煮食物的。

鼎有三条腿，是最好的灶口和支架。

在鼎腹下架柴烧火，就能熬煮美味了。

老师，鼎有三条腿，所以才会有"三足鼎立"的成语，对吧？

都会举一反三了，真不愧是学霸！

夏朝前，大禹划分天下为九州，下令九州贡献青铜，铸造九鼎。

鼎上刻着各州的山川名物、珍禽异兽。

九鼎象征着九州，从此成为传国之宝。

商汤逐走夏桀，迁九鼎至国都。

周武王伐纣，安置九鼎在洛阳。

　　商周两朝都把九鼎当国宝，楚庄王却来询问它的大小·轻重。要说他没有造反之心，你信吗？

楚庄王时，楚出兵进攻陆浑戎，并在东周洛邑的城郊耀武扬威，打听象征周朝天子权势的九鼎轻重，大有代周而取天下的意图。

——吴晗《中国历史常识》

甲骨文中的养蚕指南

我国是世界上最早开始养蚕的国家。

到底有多早呢？

至少商朝的甲骨文中就记载了养蚕指南，一起来看看吧。

相传，黄帝的妻子嫘祖发明了养蚕缫丝。她教人们种桑、养蚕，用蚕丝制作衣服。史称"嫘祖始蚕"。

商朝，蚕丝纺织技术有了更大发展，出现了纨、纱、绫罗、縠等织物。这些织物都有纹路，可见当时已经掌握了提纹技术。

还是有纹路的衣服好看！

殷商甲骨文里，已经有了"蚕""桑""丝"等象形文字。

卦辞中，也出现了养蚕的技术指南。

甲骨文还记载了商朝管理养蚕的官职——女蚕。

可见当时有多重视养蚕技术的应用。

在殷商时候的甲骨文里，已有"桑""蚕""丝""帛"等字。特别值得一提的是，其中还有一块把"桑""蚕"二字合刻在一起的甲骨片。

——吴晗《中国历史常识》

春秋战国时代的营养餐长啥样

营养又美味的大餐，应该没人不爱吧。

有没有人想过，春秋战国时期的营养餐会是啥样的？

要多吃水果和蔬菜才更健康哦！

春秋战国时期，主食主要是粟、菽。

粟是小米，是主食的首选。菽是大豆，它能成为主食，归功于鲁班发明的石磨。有了石磨，就能做豆粉和豆浆。既方便又营养。

肉食主要有猪、羊、鸡等，能吃上肉的可都是贵族。

　　《左传》中，曹刿就说过"肉食者鄙"。

　　肉食者指的就是统治阶级。

那些贵族吃肉比谁都厉害，做事可就一塌糊涂了！

王公贵族还能吃上野味。

《孟子》有"鱼与熊掌不可兼得"的名句。

《左传》记载了郑灵公让厨师做鳖汤犒赏士大夫的故事。看来，古人的野味选择还蛮丰富的。

水果种类也比较多。

人们可以吃上桃、李、梨、桑葚等水果。

《诗经》里就有"**投桃报李**"的典故。

春秋战国时期，谷子是黄河流域广大人民的主要食粮；麦和稻是供给贵族们食用的；豆类对缺少肉食的广大人民来说，是极好的食品。

——吴晗《中国历史常识》

端午节纪念的到底是谁

端午节是我国传统节日，人们会在这一天包粽子、赛龙舟。考考你，这样的习俗是在纪念谁呢？

屈原是战国时代楚国人。

他才华出众，遭到贵族大臣们的陷害，被楚王流放。

秦军攻破楚国国都后，他自投汨罗江，以身殉国。

屈原深受百姓爱戴。人们得知他投江后，纷纷前去驾船打捞，但却没有捞到屈原的尸体。

人们用糯米做成粽子，投入江中。希望鱼虾吃饱后，就不会蚕食屈原的身体。

这天是农历五月初五。每逢<u>五月五</u>，人们都要赛龙舟，吃粽子，来纪念屈原。久而久之，便形成了"端午节"。

农历五月初五，叫作"端午节"，也叫"端阳节"。端午节相传是纪念战国时期伟大的诗人屈原。

——吴晗《中国历史常识》

第三章

吃上几个菜的秦汉时期

感谢西域带来的种子

　　秦始皇虽然建立了大一统的秦朝，但却不知体恤百姓。秦朝徭役繁重，百姓们不堪忍受，最终起义推翻了暴秦。取而代之是汉朝，汉朝皇帝们采取休养生息政策，老百姓的生活才有所好转。汉武帝时期，张骞出使西域，带来各种各样的植物种子，百姓们的食物种类也得以丰富起来。

王公贵族为何都愿当黑衣人

现代社会开明，大家可以随心所欲地穿衣打扮。哪怕你穿着露膝盖的破洞裤，也不会遭人指责。在秦朝，穿衣服可就没那么随意了。

秦朝服色以黑为贵，祭祀等重要场合，必
须穿黑色的衣服。想象下，始皇帝陛下带领一
群黑衣人跪拜，场面何其壮观！

身为大秦黑衣人，一定要大气。记住我们是亚洲最强团伙……咳咳，团体！

贵族们的日常服装多为袍服。

袍服是连体长衣，袖身宽大，和后来的汉服类似。

秦朝有严格规定，三品以上的官员才能穿绿袍，以下的一律穿白袍。

老百姓只能穿褐衣。褐衣由棕色的麻布制成。秦朝有规定，百姓的上衣不允许超过膝盖。所以后世多以"短褐"代指地位卑下的人。

秦汉大一统局面出现后，衣服的式样也比较统一起来。

——吴晗《中国历史常识》

秦朝的百姓为何总面有菜色

今天，大家的生活水平都提高了，面有菜色的人很少见了。不过，如果你能穿越去秦朝，这样的人可比比皆是。

秦朝等级观念森严，普通老百姓没有资格吃肉。

《诗经》里有这样的记载，"六月食郁及薁，七月亨葵及菽，八月剥枣，十月获稻"。

老百姓长年累月吃蔬菜，面有菜色实属正常。

秦朝赋税很重，百姓们自己都吃不饱饭，还得交出一部分口粮。

他们还要服徭役，秦法规定凡是在 15~40 岁之间的男子就得服役。留守在家的都是老弱劳动力，哪来的好收成呢？

《汉书》里记载秦朝"男子力耕不足粮饷，女子纺绩不足衣服"。

可见百姓的日子有多苦，难怪人们会说"天下苦秦久矣"。

哼，我不对百姓苛刻点，又怎么对得起我的"暴秦"之名！

秦朝残酷的统治，引起了全国普遍的反抗。在秦始皇还活着时，社会就已经显现出了不安的前兆。

——吴晗《中国历史常识》

孟姜女哭倒的长城在哪里

俗话说，"不到长城非好汉"。我国的万里长城气势磅礴，被誉为"世界七大奇迹之一"。

可是，这么雄伟的建筑，传说却被弱女子给哭倒了。

哭倒长城的弱女子叫孟姜女。

她结婚刚满三天，丈夫范喜良就被征召去修长城。一对新婚夫妻被迫分开。

原本以为，丈夫过一段时间就能回来。可谁知，范喜良一去便杳无音讯。

孟姜女日思夜想，决定千里寻夫。

孟姜女满怀希望地到达长城后，却得知丈夫早已累死，连尸首都不知埋在何处。

她悲从中来，放声痛哭，哭声感天动地。

长城也随之倒塌八百里。

据说，孟姜女哭倒的长城位于山东省济南市，至今秦皇岛保留了纪念孟姜女的贞女祠。

孟姜女哭倒长城的传说，表明了暴力压迫下的千千万万人民的积愤及其所显示的力量。

——吴晗《中国历史常识》

大汉美食永流传

　　<mark>汉族是我国人口最多的民族，</mark>它得名于汉朝的"汉"字。

　　除此之外，汉朝的美食也流传至今，一起来看看吧。

汉武帝时期，张骞出使西域，开辟了古丝绸之路。

他在公干之余，也不忘带点土特产回来，从此汉朝的吃货们可就有福喽。

他带回来的土特产有西瓜、葡萄、石榴、黄瓜、蒜、香菜、核桃、蚕豆等。

这些食物，一直流传至今天。不得不说，张骞的眼光可真"毒辣"！

说完了张骞，咱们再聊聊淮南王刘安。

刘安也生活在汉武帝时期，他这一生干了很多事，比较出名的有造反、确定二十四节气、发明了豆腐。

据传，刘安与八个门客修道炼丹。有一次，他炼丹时，不小心将石膏掉进豆浆里。结果豆浆逐渐凝固，形成了鲜嫩可口的豆腐。

至今淮南地区仍有"八公豆腐甲天下"之说。

汉武帝派张骞出使西域，汉与西域的交通打开，一些植物因此传了进来。

——吴晗《中国历史常识》

第四章

享乐扎堆的魏晋南北朝

"豪无人性"的贵族生活

　　魏晋南北朝时期，统治阶级奢靡成风。他们偏爱美味珍馐，日食万钱成了基本消费。他们崇尚华丽服饰，终日饮宴作乐。更有甚者，出现了斗富攀比的现象。

神医的技术到底有多神

　　"华佗再世"的赞誉，是每个医生的毕生追求。

　　那么，神医华佗到底有多神呢？

华佗是我国著名的神医，医术十分精湛。

一天，两个症状相同的人前来看病，华佗却开了不同的药。二人将信将疑地服下，很快痊愈了。

原来华佗问诊后，便知二人同症不同病。

广陵太守陈登脸色赤红、胸中烦闷。

华佗为他诊治，告诫他以后不要再吃生鱼，否则三年后疾病会复发，必死无疑。

陈登不听劝告，三年后果然病发去世。

我吃起鱼来，可是不要命的！

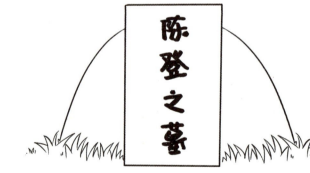

据说，华佗曾看到一位男子脸色不好。他便告诉男子赶紧回家，一刻也不要耽搁。结果男子到家后没多久就死了。

仅是察言观色，便能断人生死，实在是神。

曹操头风发作，请华佗医治。华佗告诉曹操，想根治，就必须喝下麻沸散，用斧头劈开脑袋，取出风涎。结果，曹操疑心华佗要谋害他，将其处死。

一代神医就此陨落。

华佗的医学知识和临床经验都很丰富，经他治好的病人很多。

——吴晗《中国历史常识》

石崇、王恺：攀比新高度

今天，我们时不时会看到花式炫富的不良言行。其实这些都是小儿科，晋朝的石崇、王恺，才是炫富的典型。

西晋时，社会奢靡成风。

贵族们纵情享乐，争豪斗富。以石崇、王恺最为厉害。

王恺家用糖水洗锅，石崇就把蜡烛当柴烧。

王恺出门用丝布做成四十里步障，石崇就用锦缎做成五十里。

王恺被石崇压制，只好找外甥晋武帝帮忙。

晋武帝赏给他一株三尺高的珊瑚树。

结果石崇见到后，便用铁如意把它打碎了，然后赔给王恺一株更高的珊瑚树。

可真是豪横啊！

西晋时期统治阶级生活极端腐朽，他们以豪华奢侈为荣耀，以比赛浪费为乐趣。石崇与王恺斗富的丑剧，就是统治阶级腐朽生活的典型。

——吴晗《中国历史常识》

王羲之东床坦腹——酒的度数有点高

人们初次见面时，大都会刻意保持最好的形象。可在古代，有一位"问题少年"，他在相亲时，居然饮酒醉卧。

东晋时期，太傅郗鉴想与琅琊王氏结亲，于是派管家到王导家刺探情况。

王家的公子们听说消息，一个个像开了屏的孔雀般，仔细打扮。

王羲之却不以为意，他待在卧室，躺在东床上，袒露肚子喝酒。管家如实向郗鉴报告情况，郗鉴赞叹：这才是我的女婿！于是将女儿嫁给了王羲之。

这就是"东床快婿"的典故。

躺着不做事，也能把老婆娶到手！没办法，谁叫我这么卓尔不群呢！

其实，王羲之坦腹东床，很有可能是喝酒喝醉了。

魏晋时期，酿酒技术有了进一步的发展，已经能酿出度数较高的烧酒。

酒的品种也多了，有用黄米酿造的桑落酒、清酒；用糯米酿制的糯米酒；用高粱酿制的粱米酒……难怪魏晋名士们都爱杯中物了。

有这么多的美酒，我还写什么"对酒当歌，人生几何"，直接喝就完了呗！

酒曲的制造在酿酒技术上，是一项极重要的发明。秦汉以来，我国的制曲技术，已有了很高的成就。

——吴晗《中国历史常识》

农业百科全书——《齐民要术》

百科全书是人类文化知识的结晶。

马上带大家了解一部古代的农业百科全书——《齐民要术》。

《齐民要术》是北魏时期贾思勰所写的农业专著。

　　齐民就是一般平民的意思。

　　顾名思义，"齐民要术"就是一般百姓应掌握的谋生方法。

写《种地指南》多没劲，我要写《百姓谋生指南》！

全书共有十卷，九十二篇。

收录了自秦汉以来，我国在农艺、园艺、畜牧、酿造、烹饪等领域积累的经验方法。

其内容**"起自农耕，终于醋酸"**，形成了完整的农业知识体系。

贾思勰在书中提出，应该因地制宜种植。他认为，不同农作物都有最佳种植时节，种植就要顺天时、量地利，这样才能出力少、收获多。

《齐民要术》是我国目前保存下来最早的一部完整的农书，也是世界农学史上最早的一部名著。

——吴晗《中国历史常识》

第五章

举国繁荣的隋唐时期
大唐盛世不是白叫的

　　唐朝经济繁荣，老百姓的娱乐生活也变得多姿多彩。杂技、魔术、马球等娱乐活动的盛行，为城市注入了新鲜活力，引入了多种多样的外来文化。当时，长安城是国际化大都市，是各国留学生梦寐以求的圣地。

"药王爷"孙思邈是隋唐时期的著名医生。从小，他就是"别人家的好孩子"，爱学习、知礼数。七岁就能一天背诵千字的文章。

你看看人家隔壁小思邈，多优秀的孩子……

孙思邈最厉害的是活到 102 岁无疾而终。这还要多亏他的养生之术。他有十三个养生方法，分别是：发常梳、目常运、齿常叩、漱玉津、耳常鼓、面常洗、头常摇、腰常摆、腹常揉、摄谷道、膝常扭、常散步、脚常搓。这套养生方法作用于身体各个部位，有着强健身体、增强体魄的作用。

近视问题自古就有。

"目常运"就是古代的眼保健操。

操作方法类似于现在的"按揉太阳穴，轮刮眼眶"。

"人老腿先老，腿老膝先老"，人的膝关节非常"辛苦"，每天要完成屈伸 10 000 次以上。"膝常扭"可以有效减少膝盖损伤。

"饭后走一走，活到九十九"。

正好对应了养生十三法中的"常散步"。

饭后多走动，可以促进消化，有利于身体健康。

孙思邈在医学方面有着杰出贡献，又富于救死扶伤的精神，所以他一直受着广大人民的崇敬。

——吴晗主编《中国历史常识》

公主的宠物叫犀牛

饲养宠物不是现代人的专属爱好。

早在唐朝，"宠物文化"就已经盛行。唐朝不仅有完善的宠物管理制度，甚至建立了宠物保护法！

各地为讨好唐朝的皇帝们，敬献了各种珍奇异兽，其中包括犀牛。

　　唐代宗后，皇帝们不再满足于饲养宠物，而是更加热衷于建造"皇家动物园"。

唐朝统治者们有着极强的"护生"观念。

禁止虐待、饲养宠物，保护动物的理念，甚至比现在许多人都先进。

唐太宗有位小名为"兕子"的公主，太宗非常
宠爱她，"兕子"就是希望她远离一切不测和
疾病，像犀牛一样强壮，健康成长。

唐贞元年，皇宫动物园入住了新成员——一头壮年犀牛。

　　但是，西安的冬天实在是太冷了，没过几年，这头犀牛就被冻死了。

大诗人白居易为这头冻死的犀牛赋诗一首 "饮冰卧霰苦蜷局，角骨冻伤鳞甲踦"。

这也反映了唐朝开始盛行沉迷享受、玩物丧志的不良风气，王朝灭亡的命运也因此而注定。

社会风气的正常或健全与否，决定这一社会人群的历史命运，往古如此，即在今日也还是如此。

——吴晗《历史的逻辑》

唐朝人真会玩

现在，大家的娱乐方式多种多样，比如剧本杀、打游戏、看电影等。唐朝人在娱乐方面，一点也不比现代差。

我们大唐人就是会玩！

说起唐朝的娱乐活动，首推马球。

马球是项团队运动，人们分两队骑在马上，用球棍击球，把球打进对方的球门里面，就能得分。

马球在唐朝十分流行，就连皇帝也不例外。

唐玄宗马球水平高超，他年轻时曾带队击败了吐蕃人。

唐僖宗更是自夸他的技术称得上马球状元。

唐朝的桌游也很兴盛，有樗蒲、双陆、围棋、叶子戏等。樗蒲可谓当时的桌游之王，李白、杜甫等大诗人都爱玩。奸相杨国忠樗蒲技艺也不错，唐玄宗就是因为这个才注意到他的。

唐朝的剑舞表演独具特色。公孙大娘可称得上是唐朝剑舞第一人，她在民间、宫廷表演无数，收获大批粉丝。李白、杜甫纷纷写诗赞美她。张旭观看公孙大娘舞剑后，才领悟到草书的神韵。

唐朝有一个女舞蹈家名叫公孙大娘，舞得最出色，尤善于舞剑器。长安有钱人家在举行宴会时，都少不了约她来舞蹈。

——吴晗《中国历史常识》

第六章

开始享受文艺的宋、元

瓦舍——娱乐生活一条龙

宋元时期，兴起了民间艺术表演场所——瓦舍。它是大型商业游艺功能区，里面有吃喝玩乐等一条龙服务。瓦舍的出现丰富了百姓的娱乐生活，繁荣了民间文艺，也促进了文艺表演商业化。

宋朝时的工装是什么样子的

　　崇尚奢华多姿的唐朝没落后，取而代之的是以保守质朴著称的宋朝。宋朝服饰风格与唐朝相反，更注重舒适度、"遮掩"性。

皇帝的龙袍一般是黄色。

宋朝皇帝就不一样，他们更偏爱红色。

不仅自己穿红，还要求官员们上朝时也必须穿红色的"工作服"。

官员们的红色朝服，只在重要场合才穿。他们平时办公的时候穿着"公服"。这种服饰用颜色来区分官员品级。三品以上用紫色，五品以上用朱色，七品以上用绿色，九品以上用青色。

官员的帽子上有两根长翅。

这是皇帝为防止官员在朝堂上交头接耳才加上去的。

"三寸金莲"这个词最早出现在宋朝。

当时宋朝出现了可怕的习俗，就是让女子"裹小脚"。

"莲"就是脚的意思，女子们以裹出三寸（约10厘米）长的小脚为美。

人们的服装是具有时代的特征的，不同时代的人们有着不同的服装，不同的民族也有不同的服装，服装是适应人们生活、工作的需要而不断改变的。

——吴晗《古人有意思》

"九拜" 都包括什么

我们与长辈、朋友相见，只需要点头问好就可以了，最多握手、鞠躬。而在古代，可能还需要"下跪磕头"。

"九拜"是古代九种不同的行礼方式。

"稽首"是九拜中最为隆重的礼节。

需要双膝跪地、两手交叠，整个身体

向下趴伏直到头碰到地面为止。

老爹老娘啊，儿子回来看你们啦。

"九拜"中，稽首、顿首、空首都属于"吉拜"。顿首是平辈间表示敬意的礼节。空首则是上级对下级表示谢意的礼节。

"九拜"也有在丧礼上用的振动、吉拜、凶拜。

还有表示敬重程度的奇拜和褒拜，以及女子专用的肃拜。

相传有位皇帝微服私访，在一家茶楼喝茶，不允许当地官员跪拜，害怕自己暴露身份。于是，当地官员将食指、无名指和中指弯曲，做跪拜状，在桌上敲击了三下，以表示对皇帝的跪拜之礼。这就是沿用至今的叩指礼。

正因为人们日常生活、学习也罢，工作也罢，都是坐在地上的，所以跪、拜就成为表示礼节的方式了。

——吴晗《古人有意思》

鲁智深不办证也出不了家——度牒

《水浒传》中有个孔武有力的大汉，名为鲁智深。

他三拳就打死了欺压百姓的镇关西。为躲避罪责，出家当了和尚。

在宋朝，和尚也有"身份证"，叫作**度 牒**。

北宋时，买一道度牒最多需要花费三十万文钱，相当于现在的六十万人民币。到了南宋，度牒价格更高，甚至成为国家的军费来源。

度牒不仅能**免除赋税**和**徭役**。

也能当"**免死金牌**"来用。

这也是**度牒昂贵**的原因。

相传，有位僧人曾和平民结伴旅行。

途中平民起了贪念，绑架了僧人。

窃取了他的度牒和僧袍，取而代之。

太多的度牒，对国家来说可不是好事。

只要有度牒在手，坏人就能无法无天了。

《水浒传》所说的五花度牒，实际上是南宋的事。从买度牒这一件事来说，《水浒传》是真实地反映了宋代的历史事实和阶级矛盾的。

——吴晗《古人有意思》

宋朝也有大剧院

　　大剧院是专门用来表演戏剧、歌舞、音乐等娱乐的场所。其实，早在宋朝就已经有大剧院了，一起来看看吧。

我想申请吉尼斯世界纪录。

瓦舍，也叫瓦肆、瓦市，是宋代的娱乐兼商业场所。瓦舍里有杂货、酒肆，还有卖药、卜卦、博戏、饮食等。一些大型的瓦舍，四周还有酒楼茶馆，简直热闹非凡。

瓦舍中，单独用栏杆围成一周的区域，被称为勾栏。勾栏专门用来演出讲史、舞蹈、戏剧、相扑、杂耍等各种技艺，类似于现在的大剧院。

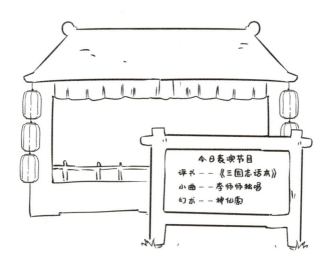

今日表演节目
评书——《三国志话本》
小曲——李师师独唱
幻术——神仙局

勾栏单独围起来，主要是为了方便收费。

现在一些旅游景点内部也单独收费，恐怕渊源在这。

宋朝的勾栏瓦舍，十分兴盛。

北宋汴京城里，有瓦舍勾栏50余座。

南宋时期杭州全城拥有23处瓦子，其中"北瓦"最大，有勾栏13座。宋朝人的娱乐生活可真多姿多彩啊！

北宋汴京的民间艺人已经有了固定的表演地方，叫作"瓦子"。瓦子里又分各种戏场，叫作"勾栏"。瓦子成了公共娱乐场合，非常热闹。

——吴晗《中国历史常识》

蒙古族占领中原，建立元朝，对待汉人并不友好。国家废除了科举制度，让文人们失去了晋升空间。在官员任用上，也是优先考虑蒙古人。

清闲的文人们需要发挥余热，排解内心苦闷。于是他们开始研究杂剧。

没想到，**元杂剧居然成了时尚。**

元朝经济发展迅速，统治者下令取消宵禁。
下班之后该去哪里消磨时间，便成了人们的大
问题。

　　很快，各大城市之中出现了"勾栏瓦舍"。
元杂剧通过这些娱乐场所，迅速风靡。

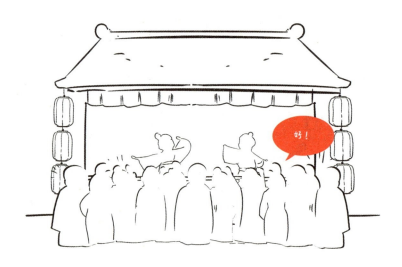

元杂剧以第一人称来带入角色，只有主角有台词。

给老百姓们带来身临其境的新奇体验。

元杂剧最初多以反映社会问题为主。

文人们把自己的不满用戏剧的方式表达出来。

就像是大型的"吐槽大会"。

《窦娥冤》是关汉卿杂剧的代表作品，也是现存的元代最好的杂剧之一。这个剧本描写了在黑暗统治下含冤而死的窦娥的悲惨命运，塑造了一个反抗强暴、至死不屈的光辉的妇女形象。

——吴晗主编《中国历史常识》

元朝男子最时尚的头型什么样

元朝统治者是蒙古族，接受汉文化的程度不深。元朝男子的发型以髡首辫发为主。像极了现代的"扎小辫"。

"耶"

一位西方传教士在自己的游记中写道，元朝男子发型是：头的两侧和后面留着三绺长发，长发编成小辫，自然垂到耳朵下面。这个发型十分独特。

元朝妇女需要把头发盘起来，男子则是"辫头发"。

辫发也分为不同的样式，有独辫和多辫之分。

托尼老师，今天给我编个狂野点的头发。

元朝男子喜欢骑射狩猎。

为遮挡阳光，他们会戴钹笠帽。

这种帽子使用普遍，官民皆可戴。

功能类似于现代的遮阳帽。

为体现阶级优越感，元朝男子也会戴瓦楞帽。

并在帽子顶端镶嵌珠宝玉石来显示身份。

　　蒙古族男子多把顶发当额下垂一小绺，如个小桃子式，余发分编成两个大辫，绕成两个大环，垂在耳后。

——吴晗主编《中国历史常识》

第七章

吃穿都讲究的明清时期

最后的封建盛世

　　明清时期，随着棉花、玉米等种子的传入，百姓们基本生活问题得以解决。当时商业经济相对发达，资本主义经济萌芽出现，形成了晋商、徽商等著名商帮。在清王朝的励精图治下，百姓们迎来了最后的封建盛世——康乾盛世。自此以后，封建社会开始走下坡路，直至消亡。

文官的衣服上为什么绣鸟

“衣冠禽兽”是指个人品行不端。

可在古代，却是很多人的一生追求！

更早时，官员等级是以衣服颜色区分的。到明清时期，这个方法就不好用了。

于是，官员们便在衣服上，加上了一块大"补丁"。

文官绣飞禽，表现文明。

武官绣走兽，表现勇武。

图案越是高贵凶猛，等级就越高。

一品文官绣仙鹤，意思是鹤鸣九皋。

二品文官绣锦鸡，意思是前程似锦。

低级的官员，就只能用云雁，鹌鹑，麻雀
等小鸟了。明清两代，都是一样的。

由于明清时期赋税很多，老百姓痛恨官员的行为。

"衣冠禽兽"便逐渐成了一个贬义词。

封建社会中，在袍子上刺绣的图案，是按贵族
和官僚的地位等级，严格划分的。平民百姓，连绣
一条小虫小鱼都不行。

——吴晗《史学论著选集》

请领导吃饭才点一个荤菜——节俭

古代官员奢华？

经常大排筵宴？

在明清，这可是天大的误会。

贪图享乐的官员，怎么能治理好国家？

明清的皇帝，早就认识到了这一点！

明太祖朱元璋，带头发布禁酒令。

宰相胡惟庸，因大吃大喝，就受到了惩罚。

清朝的道光皇帝，以身作则。

将四菜一汤的标准，流传至今。

皇帝一发火，官员都收敛了很多。

连请领导吃饭，也只敢点一个荤菜。

可这样的做法，是真的节俭吗？

在封建王朝中，官员的权力非常大。

他们的节俭只是表面上的，私下里依旧享乐。

历代政治家都用尽了心计，想办法肃清官场，却都不能维持久远，种种办法都只能治标，不能治本。

——吴晗《史学论著选集》

穿错衣服很要命

　　在现代，穿衣服是自由的。但是在明清，
衣服穿得不对，那可是要人命的！

明朝的老百姓，要遵守严格的“穿衣”条令。

男子的长袍必须离地五寸。

女子的衣裙，也不能穿大红色。

服饰象征着身份。

绫罗绸缎是贵族的特权，平民只能穿着布衣。

即使你再有钱也不行。

所以 **"布衣"就成了老百姓的代名词。**

明清官服的绣花，代表着官员的品阶。

皇帝绣五爪金龙，代表真龙天子。

王孙贵族只能穿四爪蟒的"吉服"，

还必须要皇帝赐予才可以。

在封建社会里，也和今天一样，人人都要穿衣裳。但是，有一点不同，衣裳的质料、颜色、花饰有极大讲究，不能随便穿，违反了制度就会杀头，甚至一家子都会陪着死。

——吴晗《古代的服装及其他》

请朋友吃顿饭还得发请柬

在现代，找朋友吃饭，只要一个电话。

但是在古代，那可就麻烦了！

因为没有手机和汽车，想邀请一个人，

需要提前很多天。

这样对方才能及时做好准备。

为了体现尊重，还必须准备一张请柬。

请柬上要写明请客原因、时间、地点，以及自己的名字。

"**略备薄酒，不成敬意**"等客套话，也要写上。

士大夫的请柬，更注重诚意与品味，会设计得十分精美。甚至还要在请柬上，写一首诗。

古代的高档饭店，都有送请柬的服务员和专用请柬。

这种请柬有统一的格式，省去了固定用语，使用起来非常方便。

历史的范围很广，每个学科，都有各自的历史。现代生活的很多事物（例如请柬），都是从古代发展而来的。认真学习这些，是为了丰富我们今天的文化财富。

——吴晗《史学论著选集》

大明最流行的赌博方式是什么

赌博是恶习。

但在明清时期，却成了重要的娱乐活动。

这是为什么呢？

明清的城市人口很多。

这些人不再需要长期种地干活。

聚在一起赌博，可以打发无聊的时间。

"投壶"，是一种文雅的赌博。

人站在远处，将手中的箭矢，投进壶口。

在读书人中非常流行，输的人要吟诗作对。

"斗戏"，俗称"斗蛐蛐"。

　　将两只蛐蛐，放在小碗里打架，看谁先败下阵来。

　　"斗鸡，斗鸭，斗鹌鹑"也属于斗戏。

"摇骰子"，是最普遍的赌博方式。

通过猜测骰子的点数，判定输赢。

很多人依靠做"庄家"赚钱。

对社会危害最大！

晚明时期，士大夫阶层兴盛赌博之风，有"进士以不工赌博为耻"的情形。这种风气一直从官场弥漫到了民间，以至于很多人失去了财物，甚至还要变卖田产。

——吴晗《史学论著选集》

样式繁多的头巾

受儒家思想影响，古代男子从不理发。可头发越来越长，又十分不方便。于是出现了各种各样的头巾。

明初，流行网状的 **"一统山河巾"**。

使用方便，价格低廉。

上到王子王孙，下到平民百姓，都可以佩戴。

"四方平定巾"，也叫四角方巾。

寓意大明王朝平定四方。黑色纱罗制成，

戴起来十分舒适。是官吏和书生，专属

的头巾。

戴上四方平定巾你感觉
自己也是个文化人了呢！

"六合统一帽"，俗称西瓜皮帽。由六块布料缝合而成，故此得名。多是城市居民佩戴。

"软巾"，又叫庶民巾。这种头巾最普遍简单，什么布料都可以，没有任何限制。多为老百姓便于劳动而佩戴。

清代的男子不再蓄发，而是剃发垂辫。因此不再需要头巾，转而佩戴各种小帽。官员则佩戴象征着品级的顶戴花翎。

——吴晗《中国历史常识》

满族人为什么留辫子穿旗袍

满族人的生活习俗，大多和汉人不同。尤其是穿着打扮，最为独特！

汉族多以农耕为主。

普通百姓，要去农田里干活。宽大的衣服，有利于长时间劳动。发型方面，也都是"束发"。

满族以渔猎为主。族人要上山打猎，

下河捉鱼。穿衣打扮，也要符合他们的

生活习惯。

旗袍，起源于满族人的"旗装"。

窄袖口短衣襟，打猎时不会挂到树枝。

骑马时，也方便做各种动作。

满族人信仰萨满教，没有"身体发肤受之父母"的观念，可以随意修剪发型。

将前面剃光，在后面留辫子。防止射箭的时候，被头发遮住眼睛。

在古代少数民族的服装称为"胡服"，大多衣长齐膝，袖子短小。因为这样的装束，骑在马上作战非常方便。

——吴晗《史学论著选集》

月薪一万在清朝能活成啥样

清朝一两银子，相当于现在的 400 块。普通百姓一年的生活费，只需要 5 两。月薪一万的你，每个月可有 25 两！

清朝，北京二环内的大宅子，只要
80多两。现在的你，工作三四个月，就
能买一套！

一斤猪肉40文钱，一两银子能买25斤。牛羊肉50文，梨15文，桃子10文……你想吃什么就吃什么！

一件布衣，大约 300 文。各种生活用品，单价不超过 100 文。昂贵的丝绸衣服，也只要 2 两银子。你可以疯狂购物！

清朝马匹很贵，相当于现在的跑车。

一匹好马要 50 两，你两个月才能拿下。普通的用人，每月工钱 200 文。雇几个司机或仆人，毫无压力。

清朝咸丰年间，朝廷开始发行"官票"和"钱钞"，合称为"钞票"，是现在钞票一词的由来。让纸币在民间大量流通，可见商品经济的发展。

——吴晗《史学论著选集》